KB215122

복 있는 사람

오직 여호와의 율법을 즐거워하여 그 율법을 주야로 묵상하는 자로다.
저는 시냇가에 심은 나무가 시절을 좇아 과실을 맺으며 그 잎사귀가 마르지 아니함 같으니
그 행사가 다 형통하리로다.(시편 1:2-3)

복음 안에서 발견한 참된 자유

Timothy Keller

The Freedom of Self-Forgetfulness

복음 안에서 발견한 참된 자유

팀 켈러 지음 | 장호준 옮김

복 있는 사람

복음 안에서 발견한 참된 자유

2012년 10월 25일 초판 1쇄 발행
2025년 2월 24일 초판 23쇄 발행

지은이 팀 켈러
옮긴이 장호준
펴낸이 박종현

(주) 복 있는 사람
서울특별시 마포구 연남동 246-21 (성미산로 23길 26-6)
Tel 723-7183 (편집), 723-7734 (영업·마케팅) | Fax 723-7184
hismessage@naver.com
등록 1998년 1월 19일 제1-2280호

ISBN 979-11-7083-126-6 03230

The Freedom of Self-Forgetfulness
by Timothy Keller

차례

하나님의 은혜로 전혀 새롭게 된 마음의 표지는 무엇일까요? 그리스도를 의뢰하는 사람의 마음은 어떠해야 할까요? 이것은 단순히 도덕적으로 숭고한 행위의 문제가 아닙니다. 때때로 두려움이나 자존심 때문에 그런 행위를 할 수 있습니다. 권력을 향한 욕구에 사로잡힐 때 역시 온갖 종류의 고상하고 도덕적인 행위를 하기도 합니다. 하지만 지금 우리가 살펴보려는 것은 하나님의 은혜로 전혀 새롭게 된 마음에 대해서입니다.

　이런 마음이 실생활에서 어떻게 드러나는지를 보기 위해 우리는 바울이 고린도교회에 보낸 첫 번째 서신의 한 단락을 중점적으로 살펴보겠습니다.

그런즉 누구든지 사람을 자랑하지 말라. 만물이 다 너희 것임이라. 바울이나 아볼로나 게바나 세계나 생명이나 사망이나 지금 것이나 장래 것이나 다 너희의 것이요 너희는 그리스도의 것이요 그리스도는 하나님의 것이니라. 사람이 마땅히 우리를 그리스도의 일꾼이요 하나님의 비밀을 맡은 자로 여길지어다. 그리고 맡은 자들에게 구할 것은 충성이니라. 너희에게나 다른 사람에게나 판단 받는 것이 내게는 매우 작은 일이라. 나도 나를 판단하지 아니하노니 내가 자책할 아무것도 깨닫지 못하나 이로 말미암아 의롭다 함을 얻지 못하노라. 다만 나를 심판하실 이는 주시니라. 그러므로 때가 이르기 전 곧 주께서 오시기까지 아무것도 판단하지 말라. 그가 어둠에 감추인 것들을 드러내고 마음의 뜻을 나타내시리니 그때에 각 사람에게 하나님으로부터 칭찬이 있으리라. 형제들아, 내가 너희를 위하여 이 일에 나와 아볼로를 들어서 본을 보였으니 이는 너희로 하여금 기록된 말씀 밖으로 넘어가지 말라 한 것을 우리에게서 배워 서로 대적하여 교만한 마음을 가지지 말게 하려 함이라. 누가 너를 남달리 구별하였느냐. 네게 있는 것 중에 받지 아니한 것이 무엇이냐. 네가 받았은즉 어찌하여 받지 아니한 것 같이 자랑하느냐(고전 3:21-4:7).

바울이 이 편지를 보낼 당시 고린도교회에는 서로 편을 가르는 일이 비일비재했습니다. 이 교회는 바울을 통해 세워졌습니다. 하지만 아볼로와 게바를 언급하는 말씀에서 짐작할 수 있듯이, 그 후에 여러 다른 전도자들이 이 교회를 다녀갔고 사람들은 저마다 탁월한 목회자들과 관계를 갖게 되었습니다. 바울을 멘토로 삼고 가르침을 받은 사람이 있었는가 하면, 아볼로를 통해 훈련을 받고 지도자로 세워진 사람도 있었습니다. 고린도교회를 방문한 위대한 선생들을 통해 계속해서 이런 일들이 이어졌습니다. 그러나 바울이나 아볼로와 같은 위대한 선생들과 누린 특권으로 교인들이 행복해지기는커녕, 이런 관계를 빌미로 한 주도권 싸움에 빠져들었습니다. 파당이 생겨났고 의견의 차이로 교회가 갈기갈기 찢길 위험에 처했습니다. 위대한 사도 바울에게 가르침을 받은 자신이 지도자가 되어야 한다고 주장하는 사람이 있는가 하면, 저마다 탁월한 선생들과의 특별한 관계를 들먹이며 같은 주장을 되풀이했습니다.

본문에서 바울은, 교인들이 당을 짓고 서로를 구분하는 근본적인 원인을 마음의 **교만**과 **자랑**에서 찾습니다. 교만과 자랑이 있는 곳에서는 누구도 함께할 수 없습니다. 세상에 화평이 없고 서로 간에 불화가 끊이지 않는 것도 이 때문입니다. 본문을 잘 보십시오. 21절은 "자랑하지 말라"는 말로 시작합니다. 4:7에서 바울은 "어찌하여 자랑하느냐?"라고 힐문합니다. 그리고 6절에서는 특별히 "서로 대적하여 교만한 마음을 가지지 말라"고 촉구합니다.

바울은 "교만하지 말고 자랑하지 말라"고 말합니다. 그래서 우리는 겸손을 추구합니다. 이 대목에서 우리는 자존감(self-esteem)이라고 하는 흥미로운 주제를 다루지 않을 수 없습니다.

20세기까지만 해도 전통적인 문화에서는 자만심이 세상에서 일어나는 모든 범죄의 근원이라는 믿음이 있었습니다(물론 아직도 대부분의 문화에는 그런 믿음이 있습니다). 세상에 범죄와 폭력이 끊이지 않는 이유가 무엇입니까? 사람이 사람을 학대하고 잔인하게 대하는 이유가 무

이 본문은 자존감과 자아를 어떻게 이해하고
우리 자신을 바라보아야 할지에 대해
전혀 새로운 접근법을 제시합니다.
전통적인 문화나 현대의
포스트모더니즘 문화가 말하는
자기이해의 방식과는 아주 다릅니다.

엇입니까? 사람들은 왜 악을 일삼는 것일까요? 전통적
인 문화에서는 사람에게 있는 **오만함**(*hubris*)을 그 대답
으로 꼽습니다—이 말은 그리스어로 교만 혹은 자만심
을 뜻합니다. 자고하는 마음 때문에 사람들이 악을 일삼
는다는 것입니다.

　하지만 이런 질문에 대해 현대 서구문화는 이와 정반
대로 대답합니다. 현대 교육의 원리, 죄수들을 대하는 방
식, 대부분 입법의 토대와 현대 상담의 출발점은 위와 같

은 전통적인 생각과 정면으로 배치됩니다. 자긍심이 부족하고 자존감이 낮기 때문에 사람들이 잘못된 행동을 한다고 믿는 시대가 되었습니다. 모든 일을 이런 관점으로 이해합니다. 예를 들면, 남편이 아내를 구타하고 사람들이 범죄를 저지르는 것도 자존감이 낮기 때문이라고 해석합니다. 하지만 전통적인 문화에서는 그렇게 생각하지 않았습니다. 필요 이상으로 자존감이 높고 스스로를 대단하게 보기 때문에 범죄를 저지른다고 생각하는 것이 보통이었습니다. 그러나 지금은 자존감이 너무 낮아서 이런 일을 저지른다고 말합니다.

몇 년 전 「뉴욕 타임즈」(The New York Times)에 로렌 슬레이터(Lauren Slater)라는 심리학자가 '자존감 이론의 문제점'이라는 제목으로 글을 기고한 적이 있었습니다.* 이 글은 획기적이고 새로운 내용은 아니었지만, 수년 동안 전문가들이 확인한 사실들을 진술하는 것으로 시작하면서 한 가지 중요한 사실을 언급하고 있었습니다. 낮은 자존감이 사회 문제의 중대한 원인이라고 주장할 근거가

---

* Lauren Slater, *The Trouble with Self-Esteem*, *The New York Times* magazine, Feb 03, 2002.

없다는 것입니다. 이 같은 결론을 뒷받침하는, 자존감을
다룬 세 편의 최근 연구를 인용하면서 필자는 이렇게 말
합니다.

> 자존감이 높은 사람이 자존감이 낮은 사람보다 주변
> 에 더 큰 위협이 된다. 스스로를 부정적으로 생각하는
> 사람은 오히려 많은 사회적 비용을 초래하는 중대한
> 문제를 일으키지 않는다.

이런 결론의 이유를 밝히고 설명하는 것은 참 흥미로운
작업이 될 것입니다. 하지만 여기서는 이런 사실을 받아
들이는 데 앞으로 수년은 더 걸릴 것이라는 필자의 지적
에 공감하는 것으로 만족하고 지나가겠습니다. 사람들이
낮은 자존감 때문에 약물에 중독되고, 범죄를 저지르고,
아내에게 폭력을 행사한다는 식의 생각이 우리 영혼 깊
은 곳에 자리하고 있으며, 이런 생각이 달라지는 것은 요
원한 일이라고 슬레이터는 말합니다.

우리가 보다시피, "일탈의 배후에는 항상 낮은 자존감이 있다"는 설명은 참 매력적으로 들립니다. 정말 편리한 이론입니다. 사회 문제를 다루기 위해 도덕적 판단을 내리지 않아도 됩니다. 그저 사람들을 받아 주고 세워 주기만 하면 됩니다. 반면에 전통적인 문화에서는 억압하고 정죄하는 방식으로 이런 행위들을 다루었습니다!

흥미롭게도 이 고린도전서 본문은 어떻게 자존감과 자아를 이해하고 우리 자신을 바라보아야 할지에 대한 전혀 새로운 접근법을 제시합니다. 전통적인 문화나 현대의 포스트모더니즘 문화가 말하는 자기이해의 방식과는 아주 큰 차이를 보입니다. 전혀 다르다고 할 수 있습니다.

본문에서 바울은 다음 세 가지를 보여줍니다.

1. 인간의 본성적 상태
2. 복음으로 새롭게 된 자기이해
3. 새로운 자기이해에 이르는 길

앞으로 다음 장들에서 이 세 가지를 각각 다룰 것입니다.

인간의 본성적 상태

고린도전서 4:6에서 바울은 고린도교인들에게 어느 한 편을 들어 다른 편을 얕보고 뽐내는 교만을 그치라고 말합니다. 이 말은 우리가 처음 듣는 것도 아니고 전혀 새로울 것도 없습니다. 교만이 옳지 않다는 것은 누구나 압니다. 하지만 여기서 주목해야 할 것은, 본문에서 바울이 사용하는 "교만"이라는 단어입니다. 바울은 여기서 교만을 나타내기 위해 통상적으로 쓰이는 말인 휴브리스(*bubris*)가 아닌 푸시우(*physioō*)를 씁니다. 이 단어는 성경에 자주 나오는 말이 아닙니다. 이 본문에서 한 번, 같은 책의 다른 부분에서 다섯 번 등장합니다. 다른 책에서는 골로새서 2장에서 단 한 번 볼 수 있습니다. 바울만이 이 단어를 쓸 뿐, 다른 성경 저자들은 한 번도 쓰지 않았습니다. 최근 들어 많은 주석가들이 이 단어가 바울이 다루는 중심 주제 가운데 하나를 나타낸다는 사실을 확증해 주고 있습니다.

이 단어를 통해 바울은 고린도교인들에게 인간 자아에 대한 중요한 사실을 가르쳐 줍니다. 본문에서 교만을 지칭하기 위해 사용된 이 말은, 문자적으로는 적정한 크기를 넘어 지나치게 부풀고 팽창되어 있음을 뜻합니다. 바람을 일으켜 불을 지피는 "풀무"에 해당하는 말입니다. 공기를 많이 들이마셔 팽창된 허파와 같은 신체 기관을 연상시킵니다. 한껏 부풀어 올라 터지기 직전까지 이르렀습니다. 바울은 지금 인간의 본성적인 자아가 바로 이런 상태에 있다고 말하는 것입니다.

이렇게 흥미로운 이미지를 내포하는 단어 때문이라도 이 단어가 내포하는 이미지와 그 이미지를 통해 바울이 말하고자 하는 바를 숙고해 보아야 합니다. 이 이미지는 인간의 본성적인 자아가 처한 네 가지 상태를 말해 줍니다. 바로 공허함, 고통, 분주함, 나약함입니다.

첫째, 인간의 본성적인 자아가 처한 상태는 공허함입니다. 이 이미지는 인간 자아의 중심이 텅 비어 있다는 사실을 보여줍니다. 한껏 부풀어 올라 우쭐해 하지만 정작 그 중심은 텅 비어 있습니다.

쇠렌 키르케고르(Søren Kierkegaard)는 「죽음에 이르는 병」이라는 책에서 하나님이 아닌 다른 것으로 자신의 정체성을 삼으려 하는 것이 전형적인 인간 마음의 상태라고 말합니다.* 이것이 영적 교만입니다. 하나님 없이도 스스로 살아갈 수 있고, 하나님과 상관없이 인간으로서 자신의 존엄을 지켜 낼 수 있고, 하나님 외에 다른 것에서 삶의 의미를 삼을 만큼 중요한 목적을 발견할 수 있다는 환상이 바로 영적인 교만입니다. 키르케고르는 하나님이 아닌 다른 것으로 삶의 토대를 삼는 것이 전형적인 인간 자아의 모습이라고 말합니다. 인간은 자존감을 고양시켜서 스스로 특별하게 여기게 해주고 목적의식을 갖게 해주는 무엇을 찾습니다. 그것으로 자기 정체성의 토대를 삼습니다. 물론 우리가 자주 듣는 것처럼, 본래 하나님을 위해 지어진 자리에 하나님이 아닌 다른 것을 두면 그것

---

* Søren Kierkegaard, *Sickness Unto Death,* New York: Penguin, 1989.
  (「죽음에 이르는 병」 한길사)

은 그 자리에서 요란한 소리만 낼 뿐입니다. 그 자리의 가치와 중요성에 비해 그것은 너무나 보잘것없을 수밖에 없기 때문입니다. 그래서 하나님과 상관없이 살아가는 인간 자아의 첫 번째 특징이 공허함입니다.

둘째, 하나님과 상관없는 인간 자아는 그 자체로 고통 덩어리입니다. 부풀려지고 우쭐해진 자아로 살아간다는 것은 정말 괴로운 일입니다.

사람은 보통 큰 이상이 생기기 전까지는 몸에 그다지 신경을 쓰지 않습니다. 즐겁게 산책을 하면서도 발가락이 얼마나 중요한 역할을 하는지 잘 생각하지 않습니다. 오늘 자신의 팔꿈치가 얼마나 훌륭한 역할을 해냈는지 모르고 지나갑니다. 전에 이런 부위에 이상이 있었던 사람이나 그렇게 생각하곤 합니다. 우리 몸이란 것이 원래 뭔가 이상이 있지 않으면 우리의 관심을 끌려 하지 않기 때문입니다.

인간 자아는 자주 상처를 입습니다. 인간 자아가 터무니없이 어그러져 있기 때문입니다. 항상 관심의 중심에

하나님 없이도 스스로 살아갈 수 있고,
하나님과 상관없이 인간으로서의
존엄을 지켜 낼 수 있으며,
하나님 외에 다른 것에서 삶의 의미를
삼을 만큼 중요한 목적을 발견할 수 있다는 환상이
바로 영적인 교만입니다.

있고자 하고 사람들의 주의를 끌려고 합니다. 하루라도
인정 받지 못하고 관심 받지 못하면 견디지 못합니다. 자
신이 어떤 사람으로 보이는지, 어떤 대접을 받는지가 가
장 중요한 관심사이기 때문입니다. 사람들은 기분이 상
했다는 말을 자주 합니다. 하지만 사실 사람의 **기분**이란
것은 상처를 입지 않습니다! 상처를 입는 것은 **자아**—자
신에 대한 느낌, 자신에 대한 이해—입니다. 기분에는 아
무런 문제도 없습니다! 자아가 상한 것입니다.

전부터 발가락에 문제가 있지 않는 한 산책을 한다고
해서 발가락이 상하는 일은 없습니다. 마찬가지로, 우리
의 자아가 무언가 크게 잘못된 것이 아니라면 자아가 상
처 입을 일은 없습니다. 한번 생각해 보십시오. 거절당하
거나 무시당한다는 느낌 없이, 주눅 들거나 스스로 바보
같다는 느낌 없이 하루가 지나가는 일이 거의 없는 이유
가 무엇입니까? 우리의 자아에 큰 이상이 있기 때문입니
다. 우리 자신을 크게 잘못 알고 있기 때문입니다. 자기이
해가 크게 왜곡되어 있기 때문입니다. 이런 자아는 결코
행복할 수 없습니다. 항상 자신에게만 함몰되어 있기 때
문입니다.

무엇보다도 이런 자아는 공허합니다. 한껏 부풀어 오
른 위장과 마찬가지로 항상 고통스럽습니다.

셋째, 하나님과 상관없는 인간 자아는 늘 분주합니다. 텅 빈
자아를 채우기 위해 자신에게 주의를 끄는 일로 여념이
없습니다. 특별히 두 가지 일—비교하고 자랑하는 일—로

분주합니다. 위의 본문은 이 두 가지를 모두 언급합니다. 먼저 6절을 보면, 교만이라는 말 뒤에는 마침표가 없습니다. 바울은 "그러면 교만한 마음을 갖지 않을 것이다"라고 하지 않습니다. "어느 한 편을 편들어 다른 편을 얕보면서 뽐내지 않"을 것이라고 합니다(새번역). 여기에는 본성적인 인간 자아에 대한 핵심이 담겨 있습니다. 본성적인 인간 자아는 자신과 다른 사람을 비교함으로써 자신의 공허함과 불안을 해소하려고 합니다. 항상 그렇습니다.

C. S. 루이스(Lewis)는 자신의 책 「순전한 기독교」(*Mere Christianity*)에서, 교만은 본질상 경쟁적이라는 사실을 지적합니다.* 교만의 중심에 경쟁심이 자리한다고 말합니다.

> 교만은 단순히 무언가를 가지는 것에 만족하지 못하고, 옆사람보다 더 가져야만 만족합니다. 우리는 사람들이 돈 많고 똑똑하고 잘생긴 것을 뽐낸다고 말하지만, 사실은 그렇지 않습니다. 그들은 남보다 더 돈 많고 더 똑똑하고 더 잘생긴 것을 뽐내는 것입니다. 모든

---

* C. S. Lewis, *Mere Christianity*, San Francisco: Harper San Francisco, 2001. (「순전한 기독교」 홍성사)

사람이 똑같이 돈 많고 똑똑하고 잘생겼다면 교만할 거리가 없습니다.

다시 말하면, 우리는 자신이 비교하는 사람보다 더 성공하고, 더 똑똑하고, 더 잘생긴 것에 우쭐해 합니다. 반면에 우리보다 더 성공하고, 더 똑똑하고, 더 잘생긴 사람 앞에서 우리의 우쭐함과 만족은 온데간데없이 사라지고 맙니다. 전에 자신을 우쭐하게 하고 만족을 느끼게 하던 것들로 더 이상 만족을 느낄 수 없게 되었기 때문입니다. 루이스가 말하는 것처럼, 교만은 자신이 비교하는 사람보다 더 많은 것을 가졌다는 사실로 우쭐해 합니다. 정욕에 사로잡힌 남자는 아름다운 여인과의 잠자리를 탐합니다. 그래도 그는 그 여인을 원하기라도 합니다. 하지만 교만한 남자는 다릅니다. 교만한 남자가 아름다운 여인과의 잠자리를 탐하는 것은 그 여인을 원해서가 아닙니다. 다른 사람은 못해도 자신은 할 수 있다는 것을 자랑하기 위해서 그렇게 하는 것입니다. 이런 사람은 마음의 교만 때문에, 무엇을 하든 그로 인한 참된 즐거움을 누리지 못합니다.

고등학교 때 어머니는 "아들아, 체스 동아리에 꼭 들어라" 하고 노래를 불렀습니다. "엄마, 저는 정말 체스가 싫어요"라고 대답하면 어머니는 "네가 체스를 싫어하는 것을 모르는 것은 아니지만, 대학 원서에 체스 동아리에서 활동했다고 쓰면 훨씬 도움이 되지 않겠니?"라고 말하곤 합니다. 또 이렇게도 말했습니다. "그 동아리에서 매주 토요일 아침마다 도심에 있는 노숙자와 굶주린 사람들에게 식사도 제공하는 것 같던데, 너도 자원봉사를 하는 게 좋지 않겠니?" "엄마, 저는 정말이지 그런 일은 하고 싶지 않아요." 그러면 항상 똑같은 대답이 돌아왔습니다. "내가 몰라서 그러는 것이 아니다. 그렇게 하면 대학 지원할 때 큰 도움이 될 거야." 그래서 전혀 관심이 없는데도 온갖 종류의 활동에 참여했습니다. 이유는 간단했습니다. 그 일이 보람이 있어서가 아닙니다. 대학 원서를 돋보이게 하기 위해서였습니다. 이것이 바로 우리 자

본성적인 인간 자아는
자신과 다른 사람을 비교함으로써
자신의 공허함과 불안을 해소하려고 합니다.
그 중심에는 본질상 경쟁적인 교만이
항상 자리하고 있습니다.

아가 항상 하는 일입니다. 우리는 마음에도 없는 일들을
합니다. 마음에도 없는 다이어트를 합니다. 인상적인 이
력서를 작성할 요량으로 즐겁지도 않은 온갖 일들을 합
니다. 자신을 다른 사람과 비교하고 자신을 더 돋보이게
함으로써 자랑합니다. 본성적인 인간 자아가 가진 공허
함과 불충분함을 채우려고 혈안이 된 우리는, 사람들의
호감을 살 만한 화려한 이력을 만들려고 애를 씁니다. 그
래서 분주합니다. 항상 그렇습니다.

넷째, 본성적인 인간 자아는 공허하고 힘들고 분주할 뿐 아니라 나약합니다. 한껏 부풀어 오른 풍선마냥 우쭐해지고 스스로 높아진 자아는, 그러나 늘 의기소침해질 위험에 처해 있습니다.

견고한 실체가 없이 의기양양한 사람은 곧 지나치게 우쭐해지거나 의기소침해집니다. 둘 중 하나입니다. 이 둘은 서로 다르지 않습니다. 우월감과 열등감은 근본적으로 같은 것입니다. 둘 다 지나치게 우쭐해진 결과일 뿐입니다. 우월감에 사로잡힌 사람은 한껏 우쭐해져 있기 때문에 곧 의기소침해질 위험이 있습니다. 그렇게 의기소침해진 것을 가리켜 열등감에 빠졌다고 합니다. 열등감에 빠진 사람을 만나 보십시오. 자기 자신이 싫다고 말할 것입니다. 스스로에게도 그렇게 되뇝니다. 이만큼 위축되고 쪼그라든 것은 그 전에 그만큼 부풀려지고 자만해져 있었다는 말입니다. 의기소침해 있는 것과 의기소침해질 위험이 있다는 것은 결국 같은 말입니다. 이런 자아는 약하디 약하여 곧 무너져 내립니다.

공허함과 고통 가운데 있는 분주한 자아가 허약한 것은 당연합니다. 이에 대한 완벽한 예가 되는 여인이 있습니다. 그렇다고 그녀가 다른 사람보다 더 나쁘다는 말은 아닙니다. 사실 그녀는 자신을 너무나 잘 알았습니다. 그런 면에서는 정말 칭찬 받을 만합니다. 얼마 전「보그」(Vogue) 잡지와의 인터뷰에서 자신의 삶을 토로한 마돈나의 말이야말로 지금까지 살펴본 인간 자아에 대한 완벽한 설명이라고 할 수 있습니다.

인터뷰에서 그녀는 이렇게 말합니다.

제 삶의 동력은 평범에 대한 두려움으로부터 와요. 이 두려움이 항상 저를 몰아가기 때문이죠. 주문을 걸듯이 이 두려움으로 제 자신을 들볶으면 이내 특별한 인간으로 드러나곤 해요. 하지만 금방 다른 무엇을 하지 않으면 다시 평범하고 시시한 사람으로 느껴지죠. 이미 유명인이 되었지만 여전히 제가 특별한 사람이라는 것을 증명하고 확인해야 해요. 그래야 직성이 풀려

요. 이런 제 몸부림은 지금도 계속되고 있어요. 아니,
끝이 없을 거예요.

한 가지 분명한 점은, 마돈나는 적어도 우리 대부분이 자
기 자신에 대해 아는 것보다 스스로를 훨씬 잘 알고 있다
는 사실입니다. 매번 무언가를 이룰 때마다 그녀는 이런
생각을 되뇌었습니다. '이제 나는 특별한 사람으로 드러
났다. 하지만 계속해서 몸부림치지 않으면 내일이면 나
는 더 이상 특별한 사람일 수 없을 것이다. 그런 나를 절
대 용납할 수 없다. 도저히 내 자존심이 허락지 않는다.
절대적으로 내가 특별한 사람인 것을 확인할 길이 없다.
사람들이 나를 두고 하는 말과 뉴스와 잡지들이 나에 대
해 쏟아 놓는 기사들을 통해 이런 만족을 얻어 온 것이 사
실이다. 하지만 내일이면 또 다른 곳을 향해 가야 한다.
나를 확인할 수 있는 곳을 찾아야 한다. 내 자아는 블랙홀
과 같아서 좀처럼 만족을 모르기 때문이다. 아무리 많은
칭송과 온갖 성취들을 쏟아 부어도 자아라고 하는 내 곳

간은 여전히 텅 비어 있다. 매일 아침 온갖 것들을 채워 넣어 보지만 다음 날 밤이면 휑하니 비어 있다. 나는 지금 특별한 무언가가 되었지만 여전히 무언가가 되어야 한다.' 이런 생각을 한다고 해서 그녀가 노이로제에 걸렸다고 생각할 필요는 없습니다. 그만큼 자신을 잘 알고 있다는 말입니다. 적어도 이 부분에 있어서는 마돈나가 우리 대부분보다 낫습니다.

이런 모습이 인간 자아가 처한 전형적인 상태요 바울이 고린도교인들에게 말하는 바이기도 합니다. 저마다 바울과 특별한 관계를 맺고 있다고 하면서, 그것으로 자신의 이력을 삼고 자신을 내세웁니다. 이 얼마나 큰 교만입니까! 이런 사람들은 놀라운 특권인 바울과의 관계조차 제대로 누리지 못합니다. 교회 안에서 자신이 다른 사람보다 더 낫다는 사실을 부지런히 주장하기 위해 이 관계를 이용할 따름입니다.

바울은 복음이 자신의 삶에 일으킨 변화를 고린도교인들도 알기를 간절히 바랍니다. 자신을 둘러싼 모든 것을 복음이 어떻게 뒤바꿔 놓았는지 알기를 바랍니다. 3절 과 4절을 보십시오. 복음이 어떻게 바울 자신과 그의 자존 감에 대한 이해를 변혁시켰고 그의 정체성을 뒤바꿔 놓았 는지 말합니다. 바울의 자아는 이제 전혀 다른 방식으로 작용합니다.

복음으로 새롭게 된 자기이해

바울이 하는 말을 들어 보십시오. 고린도전서 4장 1절과 2절에서 바울은 고린도교인들에게 자신은 그리스도의 일꾼이며 그리스도의 일꾼으로서 해야 할 일이 있다고 말합니다. 자신의 일을 감당함에 있어서 고린도교인들이나 세상 법정에서 판단 받는 것에 연연하지 않는다고 말합니다(3, 4절). 여기서 바울이 사용하는 '판단'이라는 말은 '평결'의 의미를 갖습니다. 이것이 바로 마돈나가 열망하는 것—사람들로부터 지지와 인정을 받는 것—입니다. 본문을 보면, 이런 판단에 있어서 바울은 고린도교인들—혹은 세상 법정—로부터 특별한 사람으로 인정받기 위해 동분서주하지 않습니다.

그래서 바울은 고린도교인들이 자신을 어떻게 생각하는지에 연연하지 않는다고 말하는 것입니다. 사람들이 자신에 대해 어떻게 생각하는지에 좀처럼 신경 쓰지 않습니다. 사람들의 평가에 따라 그의 정체성이 달라지는 것이 아니기 때문입니다. 마치 이렇게 말하는 것 같습니다. "여러분이 저를 어떻게 생각하는지에 연연하지 않습니다. 사람들이 저를 어떻게 생각하든 괘념치 않습니다." 바울의 자존감과 자기이해, 그의 정체성은 고린도교인들의 평가에 달린 것이 아니기 때문입니다.

바울의 정체성은 다른 사람들이 그를 어떻게 생각하는지와 전혀 상관이 없습니다. 그렇다면 어떻게 우리는 다른 사람들의 평가에 휘둘리지 않을 수 있을까요? 어떻게 하면 그럴 수 있을까요? 대부분의 사람들이 이 질문에 대한 답은 뻔하다고 여깁니다. 실제로 내가 아는 모든 상담가들은 다른 사람들이 우리를 어떻게 생각하는지는 전혀 중요하지 않다고 말합니다. 다른 사람들의 말에 휘둘리며 살 이유가 없다고 말합니다. 그들이 말하는 기준은 중요한 것이 아니라고 합니다. 정말 중요한 것은 내가 내 자신을 어떻게 생각하는가라고 합니다. 자기 정체성은 다른 사람들이 정해 놓은 기준에 따라 재단되어서는 안 된다고 합니다. 내 기준에 대해 내가 어떻게 생각하는지가 중요하기 때문에, 내가 나의 기준을 선택해야 한다는 것입니다. 그래서 이런 생각을 하는 상담가들은 "어떤 사람이 될지를 정하고 그렇게 되라"고 조언합니다. 이들에게는 내가 나를 어떻게 생각하는지가 가장 중요하기 때문입니다.

낮은 자존감으로 힘들어 하는 사람을 치료하기 위해 현대 사회가 내놓는 처방은 단 하나뿐인 것처럼 보입니다. 자존감을 높이라는 말입니다. 자신이 얼마나 중요하고 놀라운 사람인지를 자각해야 한다고 말합니다. 자신이 지금까지 얼마나 많은 중요한 일들을 이루어 왔는지 잘 생각해 보라고 합니다. 사람들이 어떻게 생각하는가 하는 것 때문에 더 이상 걱정할 필요가 없다고 말합니다. 자신의 기준을 분명히 한 후에, 그것들을 이루고 스스로 평가해 보라고 말합니다.

그러나 바울의 접근법은 이와는 전혀 다릅니다. 바울

은 고린도교인들이나 세상 법정의 판단에 연연하지 않을 뿐 아니라 거기서 한 걸음 더 나아갑니다. 바울은 스스로를 판단하지 않습니다. "여러분이 저를 어떻게 생각하는지는 중요하지 않습니다. 심지어 저 스스로 어떻게 생각하는지도 마찬가지입니다. 여러분이 저를 대수롭지 않게 여겨도 상관없습니다. 심지어 제가 스스로를 어떻게 생각하는지도 마찬가지입니다." 그가 선한 양심을 가졌다는 사실로 그의 이런 생각이 달라지는 것도 아닙니다. 4절에서 바울이 하는 말을 들어 보십시오.

바울의 정체성은
다른 사람들이 그를 어떻게 생각하는지와
전혀 상관이 없습니다.
바울의 자존감과 자기이해, 그의 정체성은
사람들(고린도교인들)의 평가에 달린 것이
아니기 때문입니다.

> 내가 자책할 아무것도 깨닫지 못하나 이로 말미암아
> 의롭다 함을 얻지 못하노라.

바울에게 양심의 거리낌이 없을 수도 있습니다. 하지만 그가 선한 양심을 가졌다는 그것이, 곧 그가 의롭다는 의미는 아닙니다. 히틀러도 양심에 거리낌이 없다는 말을 할 수 있었을 것입니다. 하지만 그것이 곧 그에게 죄가 없다는 말은 아닙니다.

자신만의 기준을 가지라고 말하는 사람들에게 바울은 뭐라고 했을까요? 눈 가리고 아웅 한다고 했을 것입니다. 바울은 결코 이런 속임에 넘어가지 않았습니다. 그렇습니다. 다른 사람의 생각에 신경 쓸 필요 없고 그저 자신만의 기준을 가지라는 말은 속임수일 뿐입니다. 본성적인 인간 자아가 처한 곤경에 대한 답이 될 수 없습니다. 자신이나 다른 사람이 세운 기준에 맞춰 삶으로 자긍심을 높인다는 말은 그럴듯하게 들리지만 사실은 그렇지 않습니다. 그렇게 해서는 아무런 해결책도 얻지 못합니다. 부모의 기준에 미치지 못하는 자녀는 자신의 모습에 항상 괴로울 수밖에 없습니다. 나 자신의 기준에도 미치지 못하기 때문에 여전히 괴로울 수밖에 없습니다. 이 사회는 물론 다른 사회가 정한 기준에도 미칠 수 없습니다. 이 사실 또한 나를 괴롭게 합니다. 그렇다고 나 자신만의 기준을 세우면 이 문제가 해결될까요? 기준을 터무니없이 낮추지 않는 한 그것도 이룰 수 없습니다. 이 사실 또한 나를 괴롭게 할 뿐입니다. 그러면 아주 낮은 기준을 세우면 자존감을 회복할 수 있을까요? 전혀 그렇지 않습니다. 자신이 이토록 저급한 기준에나 어울리는 사람이라는 사실에 어김없이 절망할 것이기 때문입니다. 자기만의 기준 혹은 다른 사람의 기준에 맞게 삶으로써 자긍심을 높이려는 노력은 한낱 속임수일 뿐입니다. 해결책이 될 수 없습니다.

　바울이 자신의 정체성을 확보하기 위해 고린도교인들을 의지하지 않은 것도 이 때문입니다. 그는 '중요한 사람'이라는 평결을 듣기 위해 그들을 찾아가지 않았습니다. 자신의 정체성을 그들에게서 구하지 않았습니다. 자기 자신으로부터도 구하지 않았습니다. 바울은 알고 있었습니다. 특정한 기준에 맞춰 삶으로써 자긍심을 고양시키려는 노력은 함정이요 속임수라는 것을 말입니다. 여기서 우리는 바울이 자기 정체성과 자신을 바로 이해하게 된 자리를 발견합니다. 자, 정신을 바짝 차리십시오! 지금부터 바울은 우리가 아는 지도를 벗어나 미지의 땅으로 들어섭니다.

바울의 위상은 그야말로 대단합니다. 인간 역사상 가장 위대한 영향을 미친 예닐곱 명의 지도자 가운데 하나가 아닐까 싶습니다. 역사상 가장 큰 영향력을 미친 인물 중 하나입니다. 그는 불굴의 용기와 믿기 어려울 정도의 확신을 가지고 세상 역사에 엄청난 영향을 끼친 사람이었습니다. 자기가 받은 사명을 위해 힘차게 전진해 나아가는 그를 막아설 사람은 아무도 없었습니다. 그러나 디모데전서에 보면 바울은 이렇게 말합니다.

그리스도 예수께서 죄인을 구원하시려고 세상에 임하셨다 하였도다. 죄인 중에 내가 괴수니라(딤전 1:15).

죄인 중에 내가 **괴수였다**고 하지 않고 내가 **괴수다**라고 합니다. '내가 가장 악한 죄인이다'라고 말하고 있습니다. 이는 우리가 가진 도식에는 없는 전혀 새로운 그림입니다. 우리는 이처럼 놀라운 확신과 위상을 가졌으면서도 스스로를 가장 악한 죄인으로 자처하는 사람을 본 적이 없습니다. 너무나 정직하고 자기에게 있는 모든 종류의 도덕적 흠결을 정확히 인식하지만, 이와 같은 놀라운 평정과 담력까지 가진 사람을 보지 못했습니다.

우리는 이렇지 못합니다. 그 이유가 무엇입니까? 저마다 스스로를 판단하기 때문입니다. 바울은 그렇지 않습니다. 고린도교인들의 판단을 받지 않고 스스로를 판단하지도 않습니다. 바울은 누구보다 더 자기 죄의 정체를 잘 아는 사람이었지만, 죄와 자신의 정체성을 연결 짓지 않습니다. 그의 죄와 그의 정체성은 전혀 상관이 없습니다.

그는 이 둘을 연결하기를 거절합니다. 자기 죄를 누구보
다 잘 알고 있지만, 그렇다고 그 죄 때문에 자신의 정체성
을 손상시키지 않습니다. 자신의 업적과 관련해서도 마찬
가지입니다. 자신을 통해 이루어진 일이 크고 대단하지
만, 그것으로 자신을 규정하거나 우쭐해 하지 않습니다.
자기 안에 있는 온갖 종류의 죄들—자신이 이룬 많은 업적
들은 물론—을 보지만, 그것들과 자기 자신 혹은 자신의
정체성을 연관 짓기를 거부합니다. 자신을 죄인의 괴수로
여기되, 부르심을 받은 일은 중단 없이 해 나갑니다.

　우리의 모습은 이런 바울의 모습과는 얼마나 다릅니
까! 내가 스스로를 나쁜 사람으로 안다면 담력이나 확신
을 가질 엄두도 내지 못할 것입니다. 교만, 정욕, 분노, 탐
욕은 물론 바울이 자신에게 가득하다고 한 것들로 채워
진 자신을 발견한다면 우리는 어떤 확신도 갖지 못할 것
입니다. 그렇습니다. 우리는 우리 자신을 판단하기 때문
입니다. 자신의 기준을 세우고 그것으로 스스로를 정죄
하는 것이 우리 자신입니다. 이렇게 해서는 결코 본성적

인 인간 자아를 만족시킬 수 없습니다. 절대 만족시키지 못합니다!

"너희에게나 다른 사람에게나 판단 받는 것이 내게는 매우 작은 일이라. 나도 나를 판단하지 아니하노니"라는 말은 정말 놀라운 것입니다. 바울은 지금 미지의 땅으로 우리를 데려갑니다. 그의 자아는 부풀어 오른 것이 아니라 가득 차 있습니다. 그는 지금 겸손—사실 '겸손'이라는 말이 우리가 생각하는 겸손의 개념을 전혀 담고 있지 못하기 때문에 저는 이 말을 사용하기를 꺼립니다—을 언급하고 있습니다. 바울은 지금 자기 몸의 다른 부분과 마찬가지로, 자신의 자아도 더 이상 사람들의 관심을 끌거나 인정을 받으려고 하지 않는다고 말합니다. 무엇을 잘하든 못하든 바울은 더 이상 그것과 자신을 연계하여 판단하지 않습니다.

C. S. 루이스는 「순전한 기독교」의 교만을 다루는 장 마지막 부분에서, 복음적 겸손을 탁월하게 묘사합니다. 진정으로 겸손한 사람들을 만났을 때 이들에게서 공통적

으로 발견되는 점은, 스스로를 겸손한 사람으로 생각한 다는 인상을 전혀 받지 못하는 것이라고 말합니다. 그렇 다고 이들이 자신은 아무것도 아니라고 말하는 것도 아 닙니다(사실 지나치게 자신에게 몰두해 있는 사람들이 계속 그렇 게 말합니다). 복음을 통해 진정으로 겸손해진 사람은, 바로 지금 자기 앞에 있는 사람에 대한 관심으로 충일합니다. 복 음적 겸손의 핵심은 자신을 더 생각하거나 덜 생각하는 것 이 아니라 자신에 대한 생각 자체를 덜 한다는 데 있습니다.

복음적 겸손은 자기 자신에 대해 생각할 필요를 느끼 지 않습니다. 사물을 자신과 관련지을 필요가 없습니다. '지금 이 사람들과 함께 있는 내 모습이 좋게 보일까? 지 금 내가 여기에 있고 싶어서 있는 것인가?' 하는 생각을 하지 않습니다. 진정한 복음적 겸손을 가진 사람은 자신 이 하는 모든 경험과 대화를 자신의 정체성과 연결 짓지 않습니다. 자기 자신에 대해 생각하기를 그칩니다. 자기 를 의식하지 않는 자유를 누립니다. 자기를 의식하지 않 음으로써 누리는 복된 평안이 있습니다.

참된 복음적 겸손은 부풀려지지 않았지만 가득 채워진 자아를 말합니다. 이런 자아와 비할 것은 아무것도 없습니다. 우리가 지금 높은 자존감을 말하고 있습니까? 천만에요. 그렇다면 낮은 자존감입니까? 그렇지 않습니다. 높든 낮든, 자존감에 대한 것이 아닙니다. 바울은 애초에 자존감을 둘러싼 온갖 말의 유희에 빠져들기를 단호히 거부합니다. 그는 말합니다. "제게는 여러분이 저를 어떻게 생각하는지가 중요하지 않습니다. 제 자신에 대한 저의 생각도 마찬가지입니다." 이것이 바로 복음적 겸손의 비밀입니다.

참으로 복음적 겸손을 누리는 사람은 자신을 혐오하는 사람도, 자신을 사랑하는 사람도 아닙니다. 복음을 통해 겸손해진 사람입니다. 복음으로 겸손해진 사람의 자아는 그의 발가락과 마찬가지로 자신을 거의 의식하지 않습니다. 그냥 그대로 드러납니다. 사람들의 관심을 끌지도 않습니다. 우리가 걸을 때 발가락이 묵묵히 자기 역할을 하는 것처럼, 이런 사람의 자아도 그렇습니다. 날 좀

자기를 의식하지 않는 사람은
사람들의 비판을 들어도
아연실색하거나 불안해 하지 않습니다.
비판에 귀를 기울이고
그것에 비추어 자신이 바꾸어야 할 것이
무엇인지를 생각합니다.
모든 일을 있는 그대로 즐거워합니다.

알아달라고 하지 않고 스스로 대견해 하지도 않습니다.

간단하게 우리 자신을 점검해 볼 수 있습니다. 자신을 의식하지 않는 사람은 비판을 받는다고 해서 마음이 상하지 않습니다. 비판을 좀 받았다고 해서 망연자실해 하거나 그것에 연연해 하지도 않습니다. 왜 그렇습니까? 비판을 받고 망연자실 한다는 것은 다른 사람의 생각이나 의견에 그만큼 큰 비중을 두고 있다는 반증이기 때문입니다. 세상은 비판을 듣고는 못 견뎌 하는 성마르고 예민한 사람에게 이렇게 충고합니다. "내 생각이 분명한데 남들이 뭐라고 생각하든 그게 무슨 상관이냐? 어중이떠중이들이 뭐라고 생각하든 상관할 필요 없다." 비판을 받으면 어쩔 줄 몰라 안절부절못하는 사람이 있는가 하면, 비판에 전혀 아랑곳하지 않는 사람이 있습니다. 그 사람은 비판을 전혀 귀담아듣지 않습니다. 비판을 들으려고 하지 않을 뿐만 아니라 비판으로부터 무엇을 배우려고도 하지 않습니다. 비판에 전혀 신경 쓰지 않기 때문입니다. 이들은 자신이 누구인지 무슨 생각을 하는지 압니다. 다른 말로 하면, 낮은 자존감을 해결하기 위해 우리가 가진 해결책이라고 해봐야 교만해지는 것이 전부입니다. 그러나 교만은 답이 아닙니다. 낮은 자존감이나 교만 모두 우리 자신의 장래를 불행하게 하고 주변 사람들을 괴롭게 할 뿐입니다.

자기를 의식하지 않는 사람은 이와는 정반대입니다. 부풀려지지 않았으면서도 가득 채워진 자아는 사람들의 비판을 들어도 아연실색하거나 불안해 하지 않습니다. 비판에 귀를 기울이고 그것에 비추어 자신이 바꾸어야 할 것이 무엇인지를 생각합니다. 너무 이상적으로 들립니까? 복음을 더 깊이 깨달을수록 변화를 더욱 갈망합니다. 체면이나 명성을 갈망하지 않고 그것들 때문에 두려워할 필요가 없는 사람이 되고 싶지 않습니까? 사람들의 인정 받기를 갈망하지도 않고, 인정을 받는다고 해도 그것 때문에 방방 뛰지 않는 사람이 되어야 하지 않겠습니까? 거울이나 쇼윈도에 비친 자신의 모습을 보고 우쭐해하거나 못마땅해 하지도 않는 사람이 되어야 하지 않겠습니까? 하릴없이 앉아서 자긍심이 한껏 부풀어 오르는 상황을 꿈꾸거나 다른 사람들이 자기를 우러러보는 성공을 그려 볼 필요가 없는 사람이 되어야 하지 않겠습니까? 어쩌면 여러분은 자신을 괴롭게 하고 온갖 후회에 싸여 괴로워하는 사람일지도 모르겠습니다. 이런 것들에서 벗어나고자 합니까? 은메달을 땄으면서도 금메달을 목에 건 선수가 선보인 트리플 점프에 짜릿해 하며 흥분하는 사람이 되고 싶지 않습니까? 일출을 보며 즐거워하는 것처럼 그렇게 즐기고 싶지 않습니까? 내가 했든지 다른 사람이 했든지, 이런 멋진 묘기가 선보여졌다는 사실 자체에 짜릿함을 느끼는 사람이 되고 싶지 않습니까? 상대 선수가 성공했을지라도 이런 멋진 묘기를 볼 수 있었다는 사실 때문에 자신이 한 것처럼 기뻐하는 사람이 되고 싶지 않습니까?

세상에 그런 사람이 어디 있느냐고 힐문할지도 모르겠습니다. 하지만 바울이 힘써 행한 대로 행한다면 저와 여러분 모두가 그런 사람이 될 수 있습니다. 나에 대한 일이 아님에도 그것들을 기뻐하기 시작할 수 있습니다. 내가 하는 일은 나를 드러내기 위한 것이 아닙니다. 내가 스케이트를 타는 것은 나를 드러내기 위한 일이 아닙니다. 사랑에 빠지고 데이트를 즐기는 모든 것 역시 나를 드러내기 위한 일이 아닙니다. 나는 모든 일을 있는 그대로 즐거워할 수 있습니다. 단순히 내 이력을 위한 것들이 아니기 때문입니다. 내가 하는 일은 대학 원서나 이력서를 채워 넣기 위한 도구가 아닙니다. 본성적인 인간 자아의 공허함을 채우기 위한 방편에 불과한 것도 아닙니다. 모든 일이 그렇게 다가와야 하지 않겠습니까? 이런 삶의 길은 우리 본성의 지도에는 나와 있지 않습니다. 이것이 바로 복음적 겸손이요 자기를 의식하지 않는 복된 자유입니다. 현대 문화와 같이 자기를 더 생각하거나 전통적인 문화에서와 같이 자기를 덜 생각하는 것이 아닙니다. 그저 자신에 대한 생각 자체를 덜 하게 되는 것입니다.

새로운 자기이해에 이르는 길

어떻게 바울은 자신을 의식하지 않는 복된 자유에 이르렀
습니까? 바울은 지금 그 비결을 말하고 있습니다. 그의 말
을 주의해서 들어 보십시오. 먼저 그는 이렇게 말합니다.

> 너희에게나 다른 사람에게나 판단 받는 것이 내게는
> 매우 작은 일이라. 나도 나를 판단하지 아니하노니.

바꾸어 말하면, 자신에 대한 평결을 위해 다른 사람이나
심지어 자기 자신을 의지하지 않는다는 뜻입니다. 또한
바울은 이렇게 말합니다.

> 내가 자책할 아무것도 깨닫지 못하나 이로 말미암아
> 의롭다 함을 얻지 못하노라.

"의롭다 함을 얻지 못한다"는 말은 '의롭다 하다'는 말에서 왔습니다. '의롭다 하다'는 말은 로마서와 갈라디아서 전반에 걸쳐 나오는 칭의와 같은 말입니다. 여기서 바울은 비록 자기 양심에 거리낌이 없다고 해서 그것 때문에 자신이 의롭다 함을 받는 것은 아니라고 말하고 있습니다.

여기서 바울이 말하는 바는 마돈나가 추구하는 것이요 우리 모두가 추구하는 것과 같습니다. 이는 우리를 중요하고 가치 있는 사람으로 선언하는 **최종적인** 판결입니다. 우리가 매일매일 모든 상황을 통해 찾고 있는 것도 이런 궁극적인 판결입니다. 주변의 모든 사람들이 그렇습니다. 이는 곧 우리는 날마다 재판을 받는다는 말입니다. 날마다 우리는 재판정에 섭니다. 하지만 지금 바울이 뭐라고 말합니까? 고린도교인들이나 세상 법정이 내리는 평결에 연연하지 않는다고 말합니다. 여기서 바울이 법정을 언급하는 것이 특이합니다. 어쨌든 고린도교인들이 법정은 아닌데 말입니다. 유비적인 말입니다. 바울은 지금 우리에게 있는 자존감의 문제—그것이 높든 낮든—는

다름 아닌 우리가 날마다 평결을 받기 위해 법정에 서는 것과 같다고 말하고 있습니다. 날마다 우리는 재판을 받습니다. 각 개인의 정체성이 이 재판에서 결정됩니다. 이 법정에는 여러분을 고소하는 기소자가 있고 변호자가 있습니다. 그리고 우리가 하는 모든 일은 기소나 변호를 위한 증거로 제공됩니다. 이 재판에서 자신이 이기는 것처럼 느끼는 날이 있는가 하면 지는 것처럼 느끼는 날도 있습니다. 그러나 바울은 이와 관련된 비밀을 말합니다. 그에 대한 재판은 이미 끝났다는 것입니다. 그가 지금 있는

우리는 날마다 재판을 받습니다.
그러나 좋은 평결을 받기 위해 애쓸 필요가 없습니다.
이미 주님이 최종적인 판결을 내리셨기
때문입니다. "너는 내 사랑하는 아들이라.
내가 너를 기뻐하노라"(막 1:11).

곳은 법정이 아닙니다. 그에 대한 재판이 이미 끝났고 궁극적인 판결이 내려졌기 때문입니다.

어떻게 그럴 수가 있습니까? 대답은 명백합니다. 세상과 사람들의 평결이 자기를 의롭게 할 수 없다는 것입니다. 바울이 뭐라고 말합니까? "나를 심판하실 이는 주시니라." 그에게 중요한 것은 **주님**의 평결뿐입니다.

오직 예수 그리스도의 복음 안에서만 행위에 앞서 평결이 내려진다는 사실을 알고 있습니까? 무신론자들은 선한 사람이 되는 것을 자아상의 목적으로 삼습니다. 실제로 이들은 선한 일을 많이 합니다. 그리고 이를 통해 궁극적으로 선한 사람이라는 평결을 얻기를 바랍니다. 행위가 평결로 이어집니다. 불교도들도 마찬가지입니다. 이슬람교도들 역시 행위를 통해 판결을 받습니다. 이들에게는 매일매일이 법정 앞에 서는 날이요 재판을 받는 날입니다. 이것이 문제입니다. 하지만 기독교에서는 평결이 행위로 이어진다고 바울이 말합니다. 기독교에서는 우리가 믿는 순간에 하나님께서 "이는 내 사랑하는 아들이요 내 기뻐하는 자라" 말씀하신다고 선언합니다(마 3:17). 로마서 8:1은 "그러므로 이제 그리스도 예수 안에 있는 자에게는 결코 정죄함이 없나니"라고 말씀합니다. 기독교에서는 우리가 믿는 순간에 우리가 직접 행한 것처럼, 하나님께서 그리스도의 완전한 행위를 우리에게 전가시키시고 우리를 자녀로 맞아들이신다고 말합니다. 다시 말해, 하나님께서는 이전에 그리스도께 말씀하신 것처럼 우리에게 말씀하십니다. "너는 내 사랑하는 아들이라. 내가 너를 기뻐하노라"(막 1:11). 보다시피 평결은 이미 내려졌습니다. 그리고 나는 지금 이 평결에 따라 행동합니다. 하나님께서 나를 사랑하시고 나를 받으셨기 때문에 나만의 이력을 쌓기 위한 일들을 할 필요가 없습니다. 사람들에게 좋은 평결을 받기 위해 일을 할 필요가 없다는 말입니다. 이제 순전히 즐거움 때문에 일합니다. 사람들이 서로를 돕도록 협력할 수 있습니다. 이제는 선행을 하더라도 스스로 더 나은 사람처럼 느끼기 위해서 하는 것이 아닙니다. 인간의 본성적인 자아의 공허함을 채우기 위해 하는 것도 아닙니다.

복음의 평결을 통한 정체성이 아닌 다른 모든 형태의 정체성이나 증표나 우리가 스스로에게 하는 칭송으로는, 행위로부터 비롯되는 평결 외에 아무것도 기대할 수 없습니다. 스스로를 선한 사람, 자유로운 사람, 신앙이 좋은 사람, 도덕적인 사람으로 자리매김하는 데서 오는 안정감은 누릴지 모르겠습니다. 하지만 그것이 무엇이든 행위를 통해 평결에 이르기는 매한가지입니다. 그렇게도 바라는 '의롭다 하는' 궁극적인 평결을 받는 일은 요원하기만 합니다. 마돈나도 그렇게 말했습니다. 그녀는 이런 사실을 잘 알고 있는 것이 분명합니다. 이 평결을 위해 마돈나는 저나 여러분이라면 결코 하지 않을 많은 일들을 했습니다. 하지만 늘 부족했습니다. 그녀는 다양한 재능과 엄청난 용기도 가졌습니다. 그녀는 수많은 일들을 행했지만, 그 자신조차 그녀가 추구하는 궁극적인 평결에 아직 이르지 못했다고 말합니다. 행위로는 결코 의롭다 하는 궁극적인 평결에 이르지 못합니다.

하지만 기독교에서는 평결이 행위를 가져다줍니다.

그렇습니다. 평결이 행위로 이어집니다. 어떻게 그럴 수 있습니까? 바울은 이렇게 답합니다. 자신은 더 이상 법정에 서 있지 않다는 것입니다. 그의 재판은 이미 끝났습니다. 어떻게 그렇게 됐습니까? 예수 그리스도께서 그를 대신하여 재판을 받았습니다. 예수께서 법정에 서서 재판을 받았습니다. 인민재판식의 불의한 재판이었지만 그분은 불평하지 않으셨습니다. 털 깎는 자 앞에 잠잠한 양과 같이 침묵하셨습니다. 채찍과 주먹으로 맞고 십자가에 달려 죽으셨습니다. 왜 그렇게 하셨습니까? 우리를 대신한 속죄 제물로 자신을 드린 것입니다. 우리가 받아야 할 정죄를 친히 담당하셨습니다. 우리가 당해야 할 재판을 받으심으로, 우리가 더 이상 재판을 당하지 않도록 하셨습니다. 그러므로 우리는, 주 예수께서 하신 일을 근거로 나를 받아 달라고 하나님께 청하기만 하면 됩니다. 그러면 유일하게 참된 평결을 내리시는 그분이 나를 보시고, 이 세상에 있는 모든 보석보다 더 가치 있는 자로 여기십니다.

그렇다면 우리가 사람들의 비판에 조마조마할 이유가 무

여러분은 이미 복음을 믿고 있거나
믿은 지 수년도 더 되었을 수 있습니다.
그러나 복음을 믿지 않는 사람처럼,
어쩌면 계속해서 법정으로 끌려가는지도 모르겠습니다.
그렇다면 스스로 깊이 물어보십시오.
그곳은 우리가 있어야 할 자리가 아닙니다.
재판은 이미 끝났습니다.

엇입니까? 무시당할까 봐 노심초사할 이유가 어디 있습니까? 거울에 비친 내 모습에 신경 쓸 이유가 어디 있습니까?

이 모든 사실을 낯설어 하는 사람들에게 해줄 말이 있습니다. 이런 사실들을 여러분도 믿고 싶을 것입니다. 여러분은 그리스도인의 정체성과 그것과 다른 모든 종류의 정체성의 차이가 무엇인지 전혀 이해하지 못할 수도 있습니다. 그러면서도 스스로 그리스도인이라 자처하기도

합니다. 스스로 고상하고 선하게 살아간다고 여깁니다. 교회도 착실히 다니고 언젠가 하나님이 자신들을 천국으로 데려가실 것으로 기대합니다. 하지만 분명한 점은, 그리스도인의 진정한 정체성은 다른 모든 종류의 정체성과 전혀 다르다는 사실입니다. 자신을 의식하지 않는 자유는 여러분을 법정 밖으로 데려갑니다. 재판이 끝났고 평결도 이미 내려졌습니다. 이런 사실이 새롭게 들립니까? 이 사실을 제대로 알기까지 계속해서 추구하십시오. 깊이 파고드십시오. 계속해서 물으십시오. 무궁무진한 사실들이 여러분을 기다리고 있습니다. 짧은 지면에 많은 이야기를 했습니다. 그러나 아직 짜 맞추어야 할 퍼즐조각들이 많습니다. 왜 예수께서 죽으셔야 했습니까? 왜 죽은 자들 가운데서 다시 살아나셨습니까? 그분은 정말 하나님의 아들이셨습니까? 전체 그림이 보일 때까지 계속해서 묻고 추구하십시오.

여러분은 이미 복음을 믿고 있는 사람일지도 모르겠습니다. 믿은 지 수년도 더 되었을 수 있습니다. 그런데도—이

'그런데도'는 너무나 중요합니다—날마다 법정으로 다시 끌려들어 갑니다. 바울이 말하는 대로 살지 못하는 것을 느낍니다. 복음을 믿지 않는 사람처럼, 어쩌면 계속해서 법정으로 끌려들어 가는지도 모르겠습니다. 그런 여러분에게 하고 싶은 말이 있습니다. 기도할 때마다 다시 복음에 합당하게 기도하고, 교회에 갈 때마다 다시 복음에 합당하게 행하고, 삶의 현장에서 다시 복음에 합당하게 살아 내면서 이미 재판이 끝났는데도, 어째서 자신은 여전히 법정에 남아 있는지 스스로 깊이 물어보십시오. 그곳은 우리가 있어야 할 자리가 아닙니다. 재판은 이미 끝났습니다.

바울과 마찬가지로 우리도 "너희에게나 다른 사람에게나 판단 받는 것이 내게는 매우 작은 일이라. 나도 나를 판단하지 아니하노니"라고 고백할 수 있습니다. 바울은 또 이렇게 말합니다. "이제 그리스도 예수 안에 있는 자에게는 결코 정죄함이 없나니", "너는 내 사랑하는 아들이라. 내가 너를 기뻐하노라"(롬 8:1, 막 1:11). 이런 복음의 평결을 따라 살기를 간절히 원합니다.

적용을 위한 제안과 질문

1. 처음 기독교 신앙을 접하는 사람이라면 먼저 마가복음을 읽어 보십시오. 예수님에 대한 진리—특히 그분의 십자가 죽음—를 밝히 보여주시도록 하나님께 기도하십시오. 아는 사람 중에 그리스도인이 있다면 이런 진리에 대해 이야기해 달라고 부탁하십시오.

2. 당신은 시편 139편을 가지고 기도할 수 있습니다. 당신의 마음을 알게 해주시도록 기도하십시오. 자존감을 위해 당신이 추구하고 있는 것이 무엇인지, 정체성을 찾기 위해 당신이 어떻게 하고 있는지 알게 해달라고 기도하십시오. "하나님이여, 나를 살피사 내 마음을 아시며 나를 시험하사 내 뜻을 아옵소서. 내게 무슨 악한 행위가 있나 보시고 나를 영원한 길로 인도하소서"(시 139:23, 24).

3. 복음이 어떻게 자신의 정체성에 대한 이해를 변혁시킬 수 있는지(변혁시키는지) 다른 사람에게 설명할 수 있겠습니까? 당신은 이런 변혁된 이해를 얼마나 경험했습니까?

4. 어떤 방식으로 하나님의 말씀이 당신을 격려하고 도전합니까? 그 말씀을 가지고 기도하십시오.

5. 참된 복음적 겸손과 자기를 의식하지 않는 자유를 증진하기 위해 필요한 것들을 주시도록 하나님께 기도하십시오.